年過七旬矢志不渝

遨遊紅外光電科技

為諸君浩院士題 乙未春 韓啟德

小草流影：

褚君浩院士成长感悟

杨一德 主编

华东师范大学出版社

我和褚君浩先生是同时代人。我们都在 1950 年开始念书，1962 年考大学，毕业后又都经历了十年左右的基层工作实践，在改革开放后成为研究生。我担任中国九三学社主席和中国科协主席期间，褚君浩先生被评为"九三楷模"和"全国十佳优秀科技工作者"。虽然工作在不同的专业领域，但我们的成长与发展历程相似，常常心有灵犀。

《小草流影：褚君浩院士成长感悟》和《红外光电子探索：褚君浩先生学术思想选集》记载了一个新中国自己培养的科学家的成长感悟和学术思想。

褚君浩先生是我国著名的半导体物理和器件专家，国际知名的物理学家，中国科学院院士，我国自己培养的第一位红外物理学博士。他数十年来在红外光电子和窄禁带半导体研究方面取得了重要的研究成果，促进了红外技术发展。他发表千余篇学术论文，撰写好几本专著，还是国际著名科学手册《科学与技术中的数据和函数关系》(Landolt–Börnstein，简称 LB) 作者之一。他曾经三次获得国家自然科学奖或国家科技进步奖。他热心科研平台的建设，先后参与筹建红外物理国家重点实验室、极化材料与器件教育部重点实验室、多维度信息处理上海市重点实验室，上海太阳能电池研发中心等平台，凝聚科研力量、培养青年才俊、促进科学研究和学科发展。

褚君浩先生以九三社员、全国人大代表、中科院院士的身份就科技政策、人才培养、能源环境、新工业革命等方面做过许多调查研究，提出过许多建议和议案。他还热心科普，在我主编的第六版"十万个为什么"丛书中，他担任《能源与环境》分册主编。他做过许多与光电技术相关的科普工作，在媒体界享有"心系科普的院士"之美名，深受社会各界人士欢迎。他还关心产业发展，在国家能源集团、上海电气、亨通光电等国际知名企业，都有他的声音。一个科学家，不仅做好自己的研究工作，还心系社会，传播科学知识、弘扬科学精神，是很可贵的。

褚君浩先生现已年过七旬，但仍坚守在科研前沿，忘我工作，引领红外学术思想，仍亲力亲为，努力培养青年人才。他身上闪耀着科学精神和人性的光芒，是当代中国优秀科学家的代表。

这两部书汇集了大量照片和他发表的主要论文，以科学家成长为线索，展开了时代造就人才，人才推动时势的图画，对于青少年、学生、职工、干部都会有所启发。希望先生的这两部书籍能为年轻一代的成长、成才，为科技强国起到明鉴作用。

韩启德

2019 年 12 月于北京

褚君浩，男，1945 年生，江苏宜兴人，博士。中国科学院上海技术物理研究所研究员、博士生导师。我国半导体物理和器件专家，中国科学院院士。主要从事红外物理、窄禁带半导体以及铁电薄膜的材料器件物理的应用基础研究。褚君浩培养博士生 90 余名，其中有两名获得全国百篇优秀博士论文奖。2004 年被评为国家重点实验室计划先进个人、国家 973 计划先进个人。2012 年，褚君浩荣获上海首届科普教育创新奖的"科普杰出人物奖"。 2014 年 12 月 15 日，褚君浩在人民大会堂受到中国科协表彰，被授予第六届"十佳全国优秀科技工作者"称号。2017 年 5 月，褚君浩荣获人力资源社会保障部、中国科协、科技部和国务院国资委颁发的首届"全国创新争先奖"奖章。

褚君浩于 1966 年毕业于上海师范学院物理系，之后任教于上海市梅陇中学。1978 年起在中国科学院上海技术物理研究所攻读研究生，1981 年获硕士学位、1984 年获博士学位，师从著名红外物理学家汤定元院士。之后，在中国科学院上海技术物理研究所任物理室副主任。1986 年前往德国慕尼黑技术大学从事客座研究。回国后，历任红外物理国家重点实验室副主任、主任，先后任中国科学院上海技术物理研究所学术委员会副主任和学位委员会副主任，《红外与毫米波学报》主编。2005 年当选中国科学院信息技术科学部院士。2008 年起，被聘任为华东师范大学信息科学技术学院院长，次年被聘任为东华大学理学院院长。

他现任中国科学院上海技术物理研究所红外物理国家重点实验室学术委员会主任、华东师范大学学术委员会副主任、上海太阳能电池研究与发展中心主任、亚太材料科学院院士、国际光学工程学会 (SPIE) 会士，中国光学工程学会常务理事、上海市红外与遥感学会名誉理事长、上海市科普作家协会名誉理事长、上海市虹口区科协主席。他曾任九三学社中央科普工作委员会主任、上海九三学社副主委、上海市科协副主席、上海市政府参事、第十和十一届全国人大代表、第十一届上海市人大代表等。第八届中国科学院学部主席团成员。

情有独钟——物理启蒙

褚君浩父亲，褚绍唐，是我国著名地理教育家、历史地理学家。原先任教于上海暨南大学史地系，1951 年华东师范大学建校时即到华东师范大学地理系工作，是我国第一位地理教育学硕士生导师，1980 年创设我国第一个地理教育硕士点。1953 年，8 岁的褚君浩随父母从虹口区搬家到华东师范大学，在华东师范大学附小读四年级。在褚君浩的童年记忆中，下丽娃河游泳，爬上第五宿舍尖顶隔层讲故事……这些片段如金子般闪闪发光，华东师范大学校园的人文底蕴，知识分子家庭环境的宽松、多元和鼓励探索的气氛，都有利于他自由自在地成长。

褚君浩自小受父亲的影响，喜欢动手制作和发明创造。他感到要清理书架上排列书上的灰尘异常吃力，就在好奇心的驱动下制作了简便的吸尘器。还自己动手制作了望远镜，通过自己的望远镜，星空一览无遗的美映入眼帘。中学期间，他就在书海中尽情徜徉，酣畅淋漓地阅读，《科学画报》、《物理学的进化》、《原子物理学》、《科学家奋斗史话》等是他必读的课外读物。高中时，他阅读了《相对论ABC》和原子物理学方面的书籍。对物理的独有情钟，也致使他在1962年高考时，就连续填报了复旦大学物理系、华东师范大学物理系和上海师范学院物理系三个志愿，非物理系不上。在上海师范学院的四年读书期间，褚君浩听涂羽卿、沈德滋、束世杰、江浩、朱鸿鹗、阚仲元、潘大勋等名师授课和训导，为他之后从事物理研究奠定了基础。

褚君浩认为，高中和大学是人生最重要的两个阶段：高中是形成初步的世界观和人生观的阶段，大学则是为今后的成长成才打下坚实基础的阶段，这也为他终生从事物理研究奠定了基础。

大学毕业后，褚君浩在上海市梅陇中学当了10年物理老师。教学之余，他致力于理论物理研究，在复旦大学物理系殷鹏程老师的指导下，和张民生、朱伟、陈良范、冯承天、陆继宗等志同道合者组织了一个关于基本粒子的讨论组，探讨科学问题，同时也撰写科普文章和科普小读物。十年中学教师生涯，让褚君浩养成了用通俗易懂的语言讲解科学知识的能力和习惯。他在《解放日报》、《文汇报》等报刊上发表了《九天之上》、《九天之下》、《能量守恒定律是怎样发现的？》、《物质是无限可分的》等20多篇科普文章，1976年在上海人民出版社出版了第一本科普著作《能量》。

矢志不渝——学术成就

1978年"科学春天"来临，我国恢复了研究生制度。当时上海高校拟从中学选拔一批优秀教师到高校任教，褚君浩被列入入选名单。是读研究生，还是当大学老师？对物理研究的热爱让他选择了继续深造。褚君浩非常认真地投入到入学考试中，通过了初试、复试。1978年10月，他成为中国科学院上海技术物理研究所第一届研究生，跟随汤定元先生学习和研究窄禁带半导体红外光电子物理。整整6年，他在学术的殿堂里，矢志不渝，连续读完硕士、博士，成为我国第一位红外物理博士。1984年12月完成博士学位论文后，他就担任起了中国科学院上海技术物理研究所物理室副主任一职。

1986年3月，受洪堡基金会邀请，褚君浩到德国慕尼黑技术大学从事客座研究。在科赫（F.Koch）教授的实验室，他参与半导体二维电子气项目研究工作。

褚君浩回国后，先后在中国科学院上海技术物理研究所红外物理国家重点实验室任副主任和主任。他利用在国外借鉴到的经验和自己的创新，使得红外物理国家重点实验室之后被连续四次评为国家A级实验室。

在研究中，褚君浩发现窄禁带半导体碲镉汞带间光跃迁本征吸收光谱，发展了碲镉汞能带结构理论和光跃迁理论，提出碲镉汞禁带宽度、吸收系数、折射系数等多个有关碲镉汞基本物理性质的重要表达式。他建立了窄禁带半导体表面二维电子气子能带结构理论，解决了碲镉汞薄膜材料和焦平面列阵器件研制中涉及的有关重要基础问题，发展了碲镉汞材料器件设计理论。他也在铁电薄膜非致冷红外探测研究上取得国际影响，在铁电薄膜微结构控制和物理研究方面取得多项创新成果。

近年来，他从事极化材料功能器件和太阳能电池物理研究，在极化场调控光电器件性能和金属／半导体／金属结构的新型光电效应以及太阳能电池物理研究等方面有多项成果。

褚君浩还在华东师范大学创建"极化材料和器件教育部重点实验室"和"多维度信息处理上海市重点实验室"，并取得重要科研成果。

褚君浩先后承担了国家973、攀登、国家自然科学基金创新研究群体等十余项重大项目科研任务，发表学术论文1000余篇，出版中英文专著3部、编著10部，获得国家自然科学奖3次、省部级科技进步奖和自然科学奖16次，获得发明专利100余项。他的研究结果被美国依里诺依大学编入软件包，被美国空军研究实验室、英国菲力浦研究实验室等30多个单位作为碲镉汞材料器件的相关理论和实验研究的依据。碲镉汞带间跃迁本征吸收光谱等20项研究结果作为标准数据和关系式，被写入国际权威科学手册《科学与技术中的数据和函数关系》（*Landolt–Börnstein*，简称LB）。1997年起，他被特邀为该书"含Hg化合物部分"修订负责人。他的研究结果还被大段引入美国《固体光学常数手册》、英国《窄禁带镉基化合物的性质》、荷兰《混晶半导体光学性质》、苏联《半导体光谱和电子结构》等著作。美国《材料学会通报》、《现代薄膜和表面技术》杂志分别发表专文介绍这些成果。2000年，美国克鲁维尔学术出版社（Kluwer Academic/Plenum Publishers）计划出版《微科学丛书》时，主编之一、曾任美国II–VI族材料物理与化学讨论会主席的阿尔登·谢尔（Arden Sher）先生推荐褚君浩撰写专著，并评价说："在窄禁带半导体物理学领域，他们现在不仅已经赶上世界先进水平，并且在一些方面走到了前面。"2005年，褚君浩撰写的《窄禁带半导体物理学》中文版出版了，汤定元院士在序中评价这本书是"全面综述窄禁带半导体有关研究成果的国际上第一本专著"。随后又在斯普林格出版社（Springer）出版了与阿尔登·谢尔合著的《窄禁带半导体物理和性能》（*Physics and Properties of Narrow Gap Semiconductors*）和《窄禁带半导体器件物理》（*Devices Physics of Narrow Gap Semiconductors*）两本专著。

能源科技——呕心沥血

2004年起，中国科学院上海技术物理研究所开始在褚君浩的带领下，先后引进多名人才，对多晶硅提纯展开自主科研攻关。经过几年的努力，物理法提纯太阳能等级多晶硅技术已经贯通，有的样品纯度已达到5N至6N，其电耗和水耗分别只有西门子化学法的1/3和1/10。这表明我们正在打破国外的技术垄断，逐步确立中国在国际光伏产业链的地位。

对于中国科学院上海技术物理研究所研制的高纯度多晶硅，褚君浩不仅从一个科研者的角度去呵护这一成果，而且更积极地运用自己全国人大代表的身份，为促进太阳能的研发和大规模运用，不断在各种场合"呼吁"。在褚君浩的推动下，当时中国科学院上海分院、中国科学院上海技术物理研究所和上海浦东新区张江集团公司共同组建了"上海太阳能电池研究与发展中心"，主要从事太阳能电池材料、器件和组件及其测试和应用的研究和开发，以及相关的光电转换新材料、新技术的研发。一个非常活跃的新能源产业以及与此相关的产业链正在形成一个巨大的新能源经济。

科研科普——百花齐放

早在当中学老师期间，褚君浩就在报刊上发表了20多篇科普文章，出版了科普著作。1978年，他加入上海市科普作家协会后，更是积极组织、参与各类科普活动。1986年，他在九三学社发起举办"科技与社会"论坛，策划组织了12场重要报告，请钱伟长、严东生、曹天钦等著名科学家为公众解疑释惑。这一系列科普讲座逐渐使褚君浩的科普工作不再仅仅是个人化的兴趣爱好，更成为了上海乃至全国科普工作的一个重要组成部分。2002年，褚君浩担任九三学社上海市委副主委、九三学社中科院上海分院委员会主委，他发起举办"浦江学科交叉论坛"的活动，邀请多学科专家介绍各自领域的前沿动态。该论坛现已连续举办13届，成为知名品牌。2012年，他又组织举办了"解读科学类诺贝尔奖"系列科普报告会以及"回望阿西莫夫、繁荣原创科普"研讨会等科普活动。

除了组织科普论坛，褚君浩近年所做科普报告超过50余场，平均每个月做一到两场报告。在他看来，科普是一项面向全社会的多层面、多视角的工作。他为不同的听众群体量身定制科普报告。面对中小学生，他喜欢讲科学家的小故事，激发他们探索科学的兴趣；面对社会大众，他聊科学常识，也聊"传感器"、"物联网"、"智能时代"等最新科技动态，解读公众对科学问题、社会现象的疑问；面对公务员、产业界人士以及各行业领军人士，褚君浩常讲高科技发展趋势，新工业革命发展态势，从光电信息获取联系到智慧城市建设，从光电能量转换联系到可再生能源和低碳城市建设，他觉得这样不仅能增加他们的知识储备，同时还将科学的理念和思想传播给他们，从而有利于他们更科学地制定决策。

褚君浩热心科普工作，被誉为"心系科普的院士"。他除了发表学术论文以外，还出版科普著作——《能量》（上海人民出版社）、《黑暗中的半壁江山——红外》（少年儿童出版社）；在报刊上发表《九天之上》、《九天之下》、《能量守恒定律是怎样发现的？》等科普文章近百篇，有些文章还被编到教材中。近年来，他还参加《中国百科全书（彩图版）》和《十万个为什么》第六版编写，主编"战略性新兴产业科普读本"丛书、"中国制造2025大众读本丛书"，编写《迎接智能时代》、《太阳能的光电之旅》等书。褚君浩做了大量学术和科普报告，比如《关于太阳能电池技术发展的若干思考》等。这些报告的对象有的是专家和公务员，有的是学生和普通群众。报告内容学术中有科普、科普中有学术，这也是他善于运用自然辩证法的体现。

社会担当——人民的科学家

2003年起，褚君浩连续担任两届全国人大代表。他积极宣传光电技术在能源、环保领域的研究进展，先后提出可再生能源产业发展和政策方面的多项议案和建议，促成多项国家相关法案的修订与完善。2008年，他提出了《关于修改可再生能源法以促进太阳能应用的议案》。 2009年，他提出的《关于可再生能源并网发电、促进太阳能光伏电池应用的经济激励政策》成为国家《可再生能源法》的重要组成部分。2010年，他提出的《关于修改矿产资源的议案》被列入第十一届全国人大常委会立法计划。2011年，他提出的《关于制定低碳技术促进法的议案》被全国人大采纳。2012年，他建议修改《电力法》，并建议对《可再生能源法》进行执法检查，还提出了《关于制定〈原子能法〉的议案》。此外，他还提出关于制定科技投入法的议案、针对科技成果转化问题的议案和制定住房保障法的议案等系列议案。在两会上，他还同百余名全国人大代表和政协委员联名致信《中国科学报》，呼吁全社会加大科普投入力度、提升科普工作地位、建立科普长效机制。他建议，在国家重大科研项目的研究过程中，可以在项目结题时，拿出一部分经费用于科普，使广大民众了解国家科研项目的进展和意义。

褚君浩说："参政议政是让社会责任具体化，把科研环境的相关问题与它结合起来，既凸显特色又有现实意义。给我这个发表意见的权利，我就应该尽义务推动科研环境的改进、促进科技的发展。"

诚如斯言，褚君浩的人生展现了一个科学家追求卓越、服务社会的境界，他以科研为圆心，以科普和参政议政为两个半径，形成了一个不断向外扩展的同心圆。而这个圆立足于中国，放眼于世界，将一个一流科学家服务于国家和人类社会的精神世界的多面相展露无遗。

本书编委会

2019 年 12 月 8 日

褚君浩，男，1945 年生，江苏宜兴人，半导体物理和器件专家，博士，中国科学院院士。现任中国科学院上海技术物理研究所研究员，华东师范大学教授，《红外与毫米波学报》主编，中科院学部主席团成员，国际光学工程学会会士；曾任第十、十一届全国人大代表，上海市政府参事、上海市科协副主席等。获得国家自然科学奖或国家科技进步奖 3 次、部委级自然科学奖或科技进步奖 16 次。发表学术论文 1000 余篇，中英文专著 3 部，编著 10 部，科普书籍数本。长期从事红外光电子物理和半导体研究，在窄禁带半导体物理和铁电薄膜材料器件物理等研究方面，获得有国际影响的研究成果，近年来从事极化材料和器件、太阳能电池以及学科交叉研究。培养硕士、博士研究生 100 余名。2004 年被评为国家重点实验室计划先进个人、国家 973 计划先进个人，获金牛奖。2014 年被评为十佳全国优秀科技工作者。2017 年获首届全国创新争先奖章，同年被评为"光荣与力量"感动上海年度人物。

目录

1

第一篇 情有独钟，物理启蒙

顽皮学生走上热爱科学的道路

褚君浩微信的昵称叫小草，含义就是迎着阳光汲取环境的养分茁壮成长。这里记录着小草院士的成长之路。他出生在一个教师家庭，他父亲解放前曾一度在上海的中学里教书，解放前的一两年到暨南大学任教。解放后院系调整，成立了华东师范大学，他父亲被聘任到华东师范大学地理系任教。当时他们住在虹口区宝安路祥茂里，小学一、二、三年级褚君浩分别在虹口区育华小学、光华小学、自新小学上学。1953年开始他家搬到师大一村，他也从小学四年级开始转入华东师大附小念书。那时，放学后和休息日功课并不多，他每天可以在华东师大校园里玩耍，在那里留下了快乐而深厚的童年回忆。

他小时候很调皮，打弹子、打另角（陀螺）、抓蟋蟀、做碉堡、爬树、钓鱼、划船、河里游泳等什么都玩。有一次在草堆上玩打仗游戏，他从草堆上头朝下跌下来，用手一忖，手腕痛了一个星期。还有一次放学后打"香烟牌"打到天黑，父亲以为他掉到了河里，拿了竹棍到河边打捞。他虽然很顽皮，但也经常在华东师大家属宿舍门前的小院里静静地仰望星空，晚间当他看到深邃莫测的星空和飘过的美丽云彩，他会苦苦思索，甚至还做过小望远镜观察月亮。他家里也有优越的阅读条件，有《科学大众》、《科学画报》等杂志，也有一些解放前出版的《科学》等杂志。

他在曹杨二中读到初中二年级时，学习状态开始发生变化了，初二下学期时他就非常喜欢做数学题目，把能够找到的数学课外书题目都做了。从初三到高三他在徐汇中学学习，由于班主任老师的激励，他所学的课程几乎全优。此外，他在课外阅读了很多书籍。当时对他来说，最丰富的图书宝库要算是徐汇中学的图书馆和徐汇区图书馆了。他阅读了原子物理学、天文学一类的书籍，还做了很多笔记，保留至今。虽然他对书籍的内容不是很理解，但却培养了对物理的兴趣。他还喜欢看科学家的传记和一些科学史及科学哲学的书，例如：《科学家奋斗史话》、《居里夫人传》、《马克思的青年时代》、《列宁的青年时代》、《从近代物理学来看宇宙》、《相对论ABC》、《物理学的进化》、《眼睛和太阳》、《比一千个太阳还亮》、《宇宙物质》、《天文学》、《科学研究的艺术》和《科学与社会》等，还经常看《科学画报》、《科学大众》等科普杂志。他曾经把饭钱省下来买《分子物理学》上下两本书。学校教学和这些书籍培养了他对科学的浓厚兴趣，引导他走向科学殿堂的入口。他中学时期就思考一些科学问题，还写论文，例如《相对—绝对观念的初步探讨》等，曾经向物理学报投稿，当然都没有发表，但足以看出少年时代的他已经走上热爱科学的道路。

他喜欢物理学，1962年高考时，物理课程取得了满分（100分）的成绩。但当时语文考得不好，就考一篇作文，题目有两个，为"雨后"和"说不怕鬼"，可以选择做一个，他选择了后者，可能审题不当，没有写好，只得了40分，就把平均分拉下了。他没有能够进入渴望进的复旦大学物理系，但是进入了上海师范学院物理系学习，他也很高兴，因为是学习喜欢的物理学。当时的系主任涂羽卿是二级教授，曾经是诺贝尔奖获得者康普顿的助手。老师们的教学工作非常认真并且具有很高的水平，他还记得教"理论力学"的潘大勖老师，每次上课西装笔挺，头发也梳得很整齐，准备了很严谨的讲稿，一黑板整齐的板书，有条有理，下课铃响时讲课内容也正好结束，晚上夜自修时他也常常到教室里来。朱鸿鄂老师的"电子技术"和"无线电物理"、阚仲元老师的"电动力学"以及江浩老师的"光学"等都有很高的水平，还有当时的系领导梁成林以及年轻的助教们如吴祥兴、史玉昌、朱世昌、金元望、张世正、余瑞生等都给他留下深刻印象。大学学习过程给他打下了日后发展的重要基础。

孩时褚君浩。

幼年时代的褚君浩，图中间是褚君浩。

小学5年级时褚君浩在华东师大办公楼东侧的小桥上留影。当时他在华东师大附小念书。60年后还是这个地方，木桥已经变成石头桥，他也成了华东师大的教授。

褚君浩3岁时在上海市虹口区宝安路祥茂里9号家门口留影，站在后面的是他的父母亲。那时，他父亲同时在几个学校任教地理，非常辛苦。

虹口区育华小学校旧址，褚君浩小学一年级在这里念书。一开始每天要母亲送，被打过一顿屁股后，就自己上学了。

小学五年级时褚君浩与母亲在华师大校园里合影。

虹口区宝安路祥茂里。

童年住过的宝安路祥茂里 9 号，从这个门一进去就是当年的厨房。

宝安路祥茂里 9 号前门。

60 年后重游祥茂里。从 1947 到 1953 年，褚君浩的童年在这里度过。那时，他在弄堂门口打弹子、滚铁圈、学吹口哨、看斗蟋蟀……

1970年在华师大二村草地上与部分小时候同学合影。他们都是华师大老师子弟：前排左起常成哲（常道直之子）、徐隆（徐中玉之子）、王行愚（王文翰周淑贞之子）、史国枯（史存直之子）；后排左起刘征先、李小川（李季谷之子）、罗静成（罗永麟之子）、褚君浩（褚绍唐之子）、冯怡本。

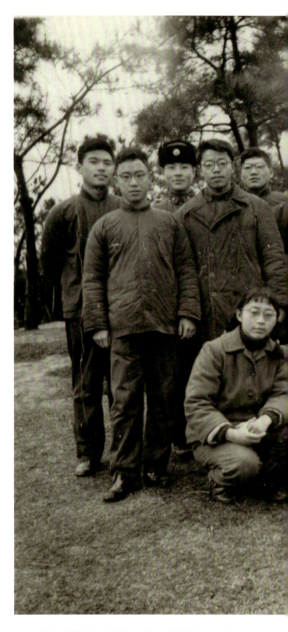

1964年部分华东师大附小同班同学在长风公园合影。前排左起李光媚、朱启章、沈大力、肖礼百（肖力）；中排左起冯怡本、史国枯、丁一东、黄世旋、徐琦等；后排左起褚君浩、颜知先、罗静成、王行愚、徐隆、李小川、常成哲。

部分小学同学1964年在长风公园合影。前排左起史国枯、丁一东、李小川、常成哲；后排左起颜知先、王行愚、徐隆、罗静成、褚君浩、冯怡本。

徐汇中学初中毕业合影。后排左起第一人是褚君浩，第二排右起第八人是班主任王淑则数学老师，她的表扬激励使褚君浩愈发上进。

徐汇中学高中一年级照片。后排左起第一人是褚君浩。前排右起第八人是班主任化学老师吴湘娟。在褚君浩身后墙面有个凹部位，他经常中午休息时倚在那里念外语。

徐汇中学读书期间照片。照片背面写了这样一首诗："年少多英姿，尚且有点痴，相马需伯乐，良才谁得知。"

在上海师范学院西二教室，看俄文版《普通物理》。

在上海师范学院教学大楼前，准备上课。

大学时代的照片。

在上海师范学院小河边，遐想未来。

1966年7月上海师范学院物理系毕业待分配,这是在"大串联"期间的留影。

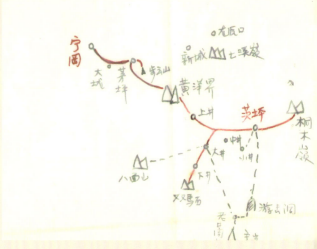

1966 年 11 月下旬从上海出发步行串联到井冈山。图为队伍行走在富春江边，队列中第二人是褚君浩。

褚君浩自画的步行串联示意图。

步行串联到达黄洋界后留影，前排右二是褚君浩。

1 徐汇中学题词"古今传承，东西汇通"。

2 徐汇中学，中午念外语处。

3 当年在这处墙角念外语。

和中学时代物理老师徐以椿先生合影。

褚君浩（右）与中学同学李景功吴德玲夫妇。李景功极赋才能，后来师从苏步青。

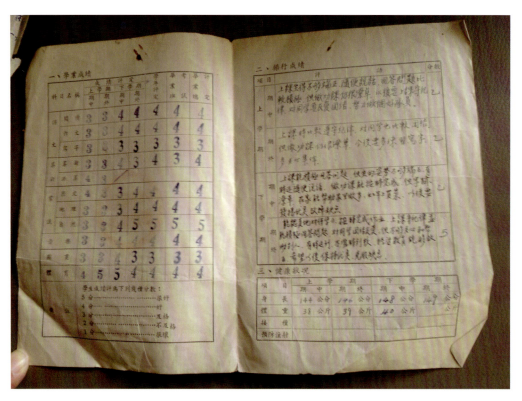

他在华东师大附小念六年级时的成绩单，成绩平平。初三以后到高中阶段，成绩是全优。

褚君浩的学习笔记

中学时代读过的书本，他省下饭钱和零花钱买过很多课外书。

第二篇 中学教师，红外博士

从热爱科学走上科学研究之路

褚君浩 1966 年大学毕业，1968 年被分配在普陀区梅陇中学教书，他教学效果很好，经常开设公开课。同时他没有放松对物理学的钻研，经常利用业余时间学习和研究理论物理，还和张民生、朱伟等人一起参加复旦大学殷鹏程老师带领的讨论班，经常利用星期天休息的时间讨论理论物理基本粒子，也常常和郭本瑜、张操、陈应天、温元凯等讨论时间和空间理论以及科学哲学问题。他还出版过一些科普文章、书籍和自然辩证法的文章。上海人民出版社还为他出版了一本名为《能量》的小册子。

1978 年，科学的春天来临。严东生先生推荐他去报考研究生，就在那一年，他考取了中科院上海技术物理研究所的研究生，师从中科院院士、我国半导体科学和红外科学技术开拓者之一汤定元先生。1984 年，他在中科院上海技术物理研究所获得博士学位。汤先生是建国初期从美国归来的爱国科学家，是影响褚君浩一生从事科学研究工作最重要的人。汤定元先生对科学发展有深邃的洞察力，一心一意扑在科学事业上。他把基础研究和器件应用进行了完美的结合，那严谨踏实而又勇于创新的科学精神对褚君浩也深有影响。汤定元先生为人正直、治学踏实、实事求是，一步一个脚印，从不浮夸。

多年来，褚君浩一直从事窄禁带半导体以及铁电薄膜的材料器件物理的应用基础研究，取得了较系统的创新研究成果，促进了窄禁带半导体学科的发展，在推动我国红外物理和技术基础发展的进程中做了一些有益的工作。他经常说能够取得这些成绩要感谢汤定元老师。在汤先生的引导下，他逐步感觉到在研究过程中要准确地抓住切入点，逐步深入，就像挖井一样，选好地点之后，就踏踏实实、勤勤恳恳地去工作，直到挖出水来，由"井"到"沟"，再到"塘"，逐步深入扩大。而科技工作者共同的工作结果，就形成知识的"海洋"。这里的重要途径或者说成长之路就是，以勤奋好学追求科学真理，以循序渐进实现积累创新。

从 20 世纪 80 年代起，他就开始打第一口"井"，研究窄禁带半导体物理。他从解决高吸收系数测量难题开始，首先采用光吸收方法准确测定了窄禁带半导体碲镉汞材料器件最重要的能带参数——禁带宽度，提出禁带宽度公式。该表达式被国际上称为 CXT 公式（C 代表褚君浩，X 代表徐世秋，T 代表汤定元），是碲镉汞材料器件设计和物理研究的重要依据，当时文章发表后收到 60 多封国外来信索要论文的单行本。他还把光跃迁理论应用于碲镉汞吸收光谱，获得多项能带参数。1983 年他对于一种组分的碲镉汞做了这样的理论计算，发表在中文的《红外研究》上面，想不到美国国防部就把中文文章翻译成英文发表在当年的 AD 报告上。后来他又取得电子有效质量表达式、本征载流子浓度半理论解析表达式等研究成果。这些结果都被大段引入美国《固体光学常数手册》、英国《窄禁带镉基化合物的性质》、荷兰《混晶半导体光学性质》、苏联《半导体光谱和电子结构》等著作。在考研究生和读博士的过程中，褚君浩对两件事颇有感悟。第一件是考研究生选择什么专业。起先他是对理论物理学有兴趣，但 1978 年高校招研究生要比中科院晚半年，而中科院上海技术物理研究所没有理论物理学专业，能够考的是凝聚态物理专业，要考他没有学过的半导体物理。他努力自学黄昆和谢希德先生著的《半导体物理学》，在考试中得到 90 分的好成绩，名列第二。第一名是北大毕业的龚雅谦，他得了 92 分。通过自学能够获得这样的成绩，这和学习期间打下的科学基础和培养的自学能力是分不开的。第二件事是硕士毕业后得到去美国大学念博士的机会，去还是不去呢？汤先生希望他能继续把硕士的工作继续进行下去，这样才有意义，如果去美国，研究方向就会变化，先前的研究工作被中止会很遗憾。他进行思想斗争后请教匡定波先生，匡先生说："主要要建立自己的工作。"他听从师长的教诲，继续进行窄禁带半导体能带参数和晶格振动的光谱研究，取得了有意义的结果。同时，汤先生1982年就安排他参加在法国召开的第十六届国际半导体物理会议和国际强磁场物理会议，并且在完成博士论文的次年，推荐他申请德国洪堡基金出国进修。因此，在成长的转折期间，根据环境条件，高人指点，顺其自然的发展是比较合理的。

回顾窄禁带半导体的研究工作，合作精神非常重要。由于上海技术物理研究所自己制备碲镉汞这种窄禁带半导体材料，而且褚君浩和制备材料的同事具有非常好的合作关系，所以他的研究工作得到材料制备方面研究人员的大力支持获得了大量样品。褚君浩当时在徐世秋先生实验室进行研究工作，实验室有当时先进的PE983光谱仪，但是没有4.2K杜瓦瓶，方家熊先生就把刚刚进口买来的牛津公司液氦杜瓦瓶拿过来用。为了研究碲镉汞三元半导体的晶格振动，他准备好样品后，沈学础先生带去德国马普固体研究所测量远红外光谱，带回测量结果后，进行详细研究。因此研究要有好的学术思想，还要有实验设备和实验样品。在这样的合作氛围下，褚君浩才能够系统地研究窄禁带半导体碲镉汞的物理性质。所以，合作精神是一个实验科学工作者必须养成的基本素质。

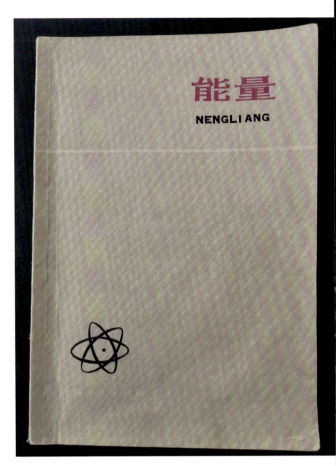

用课余时间写的科普书《能量》，1976 年上海人民出版社出版。还写过一些自然辩证法和科普方面的文章，刊登在《文汇报》、《解放日报》上。

《能量》的封面

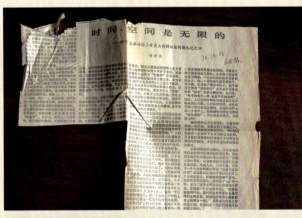

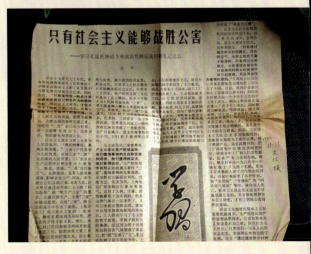

褚君浩当时发表在《解放日报》和《文汇报》上的部分科普文章。

褚君浩看望严东生先生。1978年，中国科学院比高等院校提早半年招收研究生。褚君浩原本喜欢理论物理，但严东生先生认为国家更需要发展红外技术，推荐他报考中科院上海技术物理研究所研究生，还特地为褚君浩写了推荐信。

与恩师汤定元先生的合影。

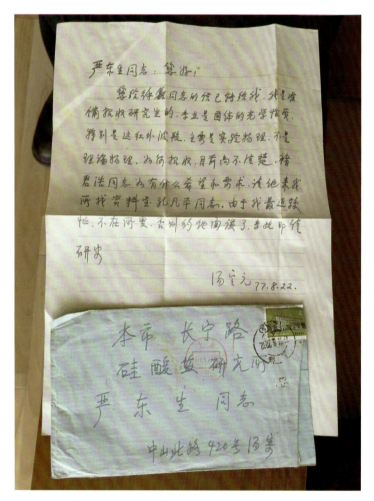

1977 年汤定元给严东生的回信。

经过研究生入学考试,褚君浩开始跟随汤定元先生研究窄禁带半导体物理。这里几张照片是不同时期褚君浩和汤先生的合影。

……年探望95岁的汤先生。

在研究生期间进行碲镉汞吸收光谱研究。

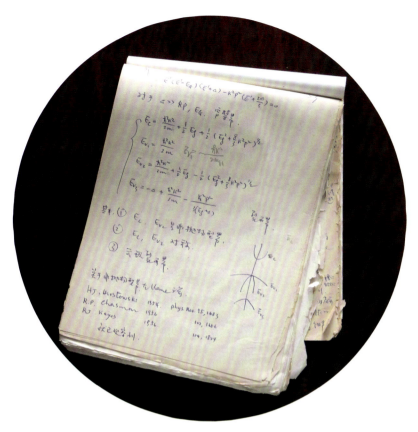

进行窄禁带半导体 Kane 模型的推导的草稿。

镉汞本征吸收光谱研究结果。

我国第一位红外物理博士褚君浩答辩现场，1984年12月于中科院上海技术物理研究所共青楼教室，汤定元先生主持答辩会。

褚君浩在做博士论文报告。

前排左起汤定元先生、方俊鑫先生。

一九七八届研究生毕业留念

一九八二年一月十二日

物所 1978 级（首届）毕业的研究生与所领导和导师们合影（第二排右起第三位褚君浩）。

上海技物所培养的前几届研究生与所领导和部分导师们合影（后排右起第三位褚君浩）。

1978 年上海技术物理研究所第一届研究生合影，左起傅柔丽、冷静、裴云天、林和、周世椿、褚君浩、方浩、张智敏。

褚君浩在研究生工作会议上发言，左一为李有海。

碲镉汞研究结果
被写入国内外多部专著

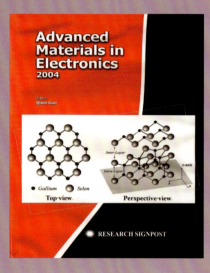

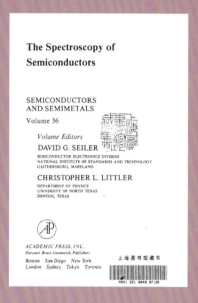

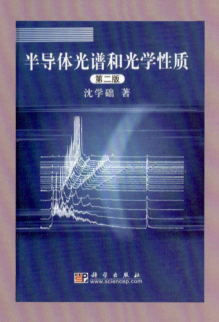

1982年褚君浩还在研究生期间就参加了在法国召开的第十六届国际半导体物理会议和国际强磁场物理会议。这是他第一次出国，特别荣幸的是他和我国著名科学家黄昆先生一起出行。

参加国际半导体物理会议同行的还有半导体所江丕桓先生，会议期间江先生的箱子被撬。

1982年褚君浩第一次出国参加国际学术会议。

会议在法国蒙彼利埃举办。参会人员途经巴黎转飞机，在大使馆招待所遇见参加不同国际会议的多位来自祖国的科研人员。左第三位起为王占国、钱佑华、邹世昌，右起褚君浩、江丕桓。

1982年第一次参加国际半导体物理会议时与同行参加会议宴会。

1982年第一次出国时在巴黎凡尔赛宫留影。

1982年在法国开会期间和在国外的进修学者合影，左起沈学础、褚君浩。

1982年在法国开会期间和在国外的进修学者合影，左起褚君浩、刘普霖。

1986—1988 年期间褚君浩在慕尼黑理工大学物理系 E16，和科赫教授合影。

2013 年褚君浩在上海与当时德国加兴（Garching）的访问学者们合影。

这是办公室的走廊和研讨会（Seminar）会议室。几乎每天中午饭后都会在这里喝咖啡，听学术报告，交流。

褚君浩在当时实验室（E16）的留影。图中所示的是一套远红外气体激光系统，用 CO_2 激光泵浦气体激光产生不同波长的远红外激光。

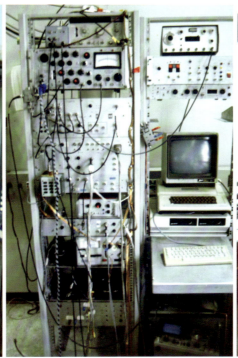

这是一套可多人共用的，可制作不同厚度不同材料电极的蒸发系统。柜身上面贴了许多白色的小条，是排序的记号，前一位用好后就去除，下一位再用，效率很高。

这是一套自己搭建的结合量子电容谱、深低温强磁场 SdH 测量和结合远红外激光的回旋共振自旋共振测量系统。

1986年访问洪堡基金会总部。

在德国接待沈学础先生顺访。

1988 年 11 月褚君浩先生从洪堡深造回国后，没有向单位提任何条件，在住房条件较差的情况下，怀着报效国家的情怀继续研究工作。这是回国后住在狭小的房间里。

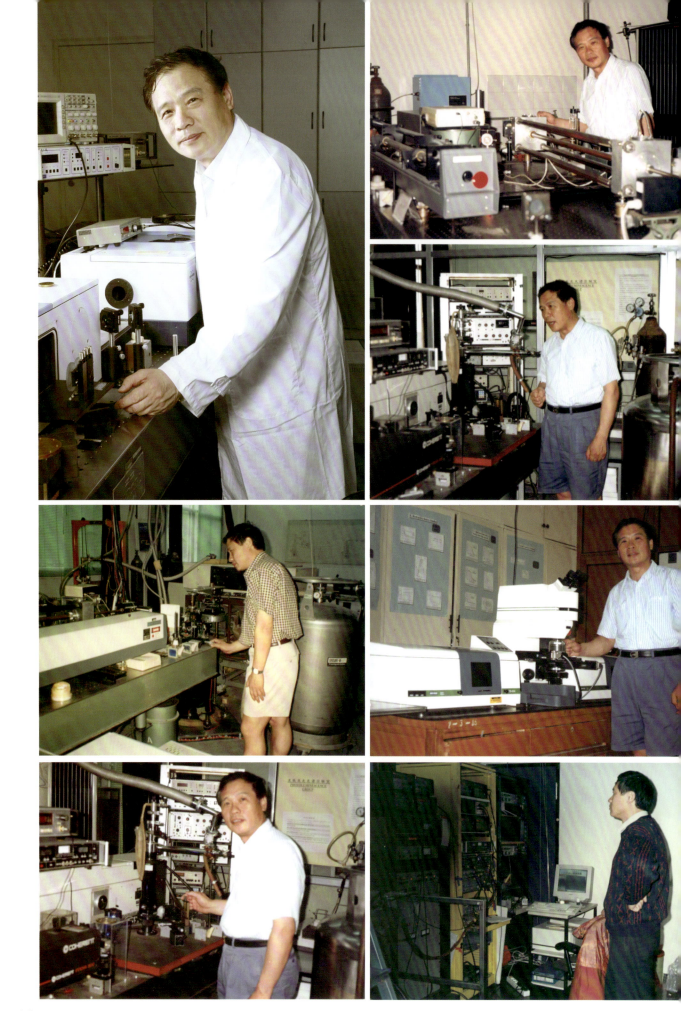

1988 年 11 月从德国回来后，在实验室里努力工作。

回国后在办公室工作的情形。办公室墙上挂着著名科学家的照片。

与参会专家合影，前排左起为陆栋、许振嘉、陈继述、汤定元、谢希德、匡定波、梁荣基、陆明生。后排右四褚君浩。

从 1993 年到 2012 年担任红外物理国家重点实验室主任，图为给李陇遐发客座研究员聘书。左起何力、褚君浩、汤定元、李陇遐、徐如新、袁诗鑫。

物理国家重点实验室的学术委员会成员指导实验室发展。左起吴翔、闵乃本、沈学础、蒋明华、陆栋、葛惟琨、褚君浩、龚望生。

右起陆栋、吴翔、褚君浩。

左起蒋明华、褚君浩。

左起陆明生、葛惟琨、褚君浩。

右起张肇先、褚君浩。

62　小草流影

外物理国家重点实验室部分研究人员，前排左五起汤定元、沈学础、褚君浩。

1 诺贝尔奖获得者冯·克里钦
（Klaus von Klitzing)（左三）访
问红外物理国家重点实验室。
2 右三为克里钦先生。
3 褚君浩向克里钦先生介绍情况。

元先生的生日学术活动。

实验室的学术交流活动留影。

左起沈学础、陆栋、蒋明华、褚君浩。

左起吴仰贤、褚君浩。

右起陆明生、褚君浩。

与路甬祥（右）原中科院院长在一起。

左起朱志远、詹文龙、褚君浩。

与中科院上海技术物理研究所丁雷所长合影。

与中科院上海技术物理研究所原党委书记吴增烈（左）、副所长徐如新（
合影。

4

第四篇 学术交流，科研合作

在开放的科研平台里滋养自由交流的学术思想

1999 年红外物理国家重点实验室主办分子束外延学术会议，前排左七杨国桢、左八褚君浩。实验室曾经主办过多次国内外学术会议，秘书组和会务组的工作十分重要。刘普霖、郑国珍、陆明生和郭少令等发挥了很大作用。

分子束外延会议后去石林参观。左起冯端先生夫妇、褚君浩、陆明生、徐文兰、茅文英。

第八届全国凝聚态光学性质学术会议，前排左四褚君浩。

实验室学术委员会会议，前排右七褚君浩。

参加研究所发展战略研讨会。前排左起戴宁、郭英、王维扬、郑亲波、王龙根、王建宇、沈学民、褚君浩、陆卫、丁雷。

2018年硅材料国家重点实验室学术委员会会议。

聆听匡定波院士（右一）的观点。

与匡定波院士谈笑风生。

与裴云天研究员在一起。

2019 年上海市特种光纤与光接入网重点实验室学术委员会会议。

在香港中文大学进行学术交流，左起杨振宁、郭雷、褚君浩。

0 年参加中科院院士代表团访问香港中文大学，左起三为褚君浩。

学出版社《光电子科学与技术》丛书编委会会议。前排左起鄢德平、李树深、褚君浩、黄维、潘志坚，后排右起郭建宇、胡志高、罗毅、郝跃、张荣、龚旗煌、

德仁、黄志明。

参加薄膜物理和应用会议。前排右四褚君浩。

参加功能材料沙龙。前排右五起郑正奇、褚君浩、段纯刚、石艳玲。

华东师范大学极化材料与器件教育部重点实验室学术委员会会议。后排左起朱自强、资剑、封松林、陶瑞宝、张健、雷啸霖、褚君浩、薛永祺、薛其坤、王鼎盛、赖宗声、孙真荣、胡志高、郁可、石艳玲。

参加项目研讨会。前排左起张守著、褚君浩、郑厚植、王立军。

斯图加特马普固体所西格玛·罗特（Sigma Rote）博士（右一）和他的同事，褚君浩与他们共同承担欧共体—中国合作项目。

与德国科学家西格玛・罗特（右一）进行学术讨论。

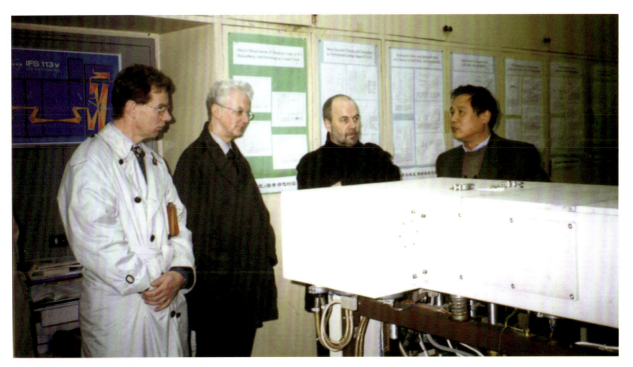

褚君浩（右一）接待外宾参观远红外磁光实验室。

1 参加黄昆院士学术研讨会。
2 会上发言。
3 左起雷啸霖、褚君浩、郑厚植。

在信息学部技术科学论坛上做学术报告。

做学术报告。

在兰亭序产出地留影，右起张林法、闵乃本 、吴翔、褚君浩、陆明生、蒋明华。

与实验室同事合影，右起姜荣金、徐文兰、褚君浩、郑国珍。

莫党先生合影。

与郑厚植先生合影。

雷啸霖先生合影。

褚君浩（右一）带领俄罗斯科学家参观上海东方明珠塔。

接待欧洲科学家参观电子输运实验室。

陪外宾参观上海世博会时签字留念。

接待美国科学家访问实验室。

右起张小平、李龙遐、李的美国同事材料学家、褚君浩、糜正瑜。

师长和同事们的合作交流对褚君浩的成长非常重要，左起梁永基、干福熹、褚君浩。

与薛永祺院士合影，右起薛永祺、褚君浩。

左起方家雄、褚君浩。

右起刘普霖、褚君浩。

与邹世昌院士合影。

褚君浩与参加研讨会的部分外宾合影。

褚君浩接待徐志展先生等访问实验室。前排左起胡志高、夏义本、夏宇兴、徐志展、褚君浩、于剑。

左起童世骏、褚君浩、杨昌利。

与华东师大钱旭红校长合影。

5

第五篇 国际交流，勇攀高峰

在学术研究上不仅要赶上世界，还要争取在一些领域走在前面

褚君浩出访过许多国家，参加过许多国际学术会议，与很多国外学者有过交流，也接待过许多国家的科学家来访。科赫（F. Koch）教授是褚君浩在慕尼黑理工大学物理系做洪堡学者时的合作教授，他很活跃，曾经多次来中国，20 世纪 90 年代来中国时就在乌镇乘过小船，他永远满怀信心和喜悦。科赫教授已经过世了，但他的许多学生一直是褚君浩的好朋友。朗德威尔（Landwehr G.）教授是一个对中国科学发展很有贡献和情结的著名教授，他的合作博士后冯·克里钦是诺贝尔奖获得者，他的女儿在中国学中文。朗德威尔接纳过许多中国学者到他实验室进修，他推动了马普中德合作项目和大众基金中德交流项目，每年有好多中国博士去德国交流。

褚君浩积极参与国际合作，走出去、请进来，参加国际会议，还和国外科学家一起从事项目研究。他和斯坦福大学阿尔登·谢尔（Arden Sher）教授一起写作《窄禁带半导体物理和性能》（*Physics and Properties of Narrow Gap Semiconductors*）和《窄禁带半导体器件物理》（*Device Physics of Narrow Gap Semiconductors*）两本专著，分别在 2007 年和 2009 年由斯普林格（Springer）出版社出版。中文版已经在 2005 年由科学出版社出版，书名叫《窄禁带半导体物理学》，汤定元先生为其书写了序言，说"这是窄禁带半导体物理方面第一部专著"。这本书的合同其实在 1998 年就签了，后来写书比较拖沓，一直到 2004 年交稿，2005 年得以出版，有 100 万字，900 页。他还参与德国科学家罗斯拉（U. Rossler）教授主编的国际著名科学手册《科学与技术中的数据和函数关系》（简称 LB）的编写，这本科学手册已经有 160 多年的历史，每隔 10 年左右请国际上有名望的科学家集中修订一次。褚君浩负责"含 Hg 化合物部分"的编写。他还和慕尼黑理工大学保持了一段较长时期的合作研究关系。他和国际上主要研究窄禁带半导体的单位和著名科学家一直保持良好的交流合作。同时他也参加国际学术组织的活动，他被选为国际光学工程学会（SPIE）的会士（fellow），还担任了三年国际光学工程学会的董事会成员（Board of directors）。国际合作的作用就是努力和国际同行站到同一水平线上，在学术前沿进行研究工作，努力从跟随到平行，再争取在某些方面领跑。国际上在邀请褚君浩撰写《窄禁带半导体物理学》这部专著时，有一份评论，其中写道，在窄禁带半导体研究领域褚君浩研究组"现在不仅已经赶上世界，而且在一些领域走在前面"。在褚君浩 70 岁到来时，芝加哥的伊利诺依大学西瓦南萨（Siva Sivananthan）教授也有一段评述："我有幸认识这样一位杰出领袖和最优秀的科学家。褚君浩博士真正关心整个社会，是一位了不起的人物，他对科学界的贡献是具有革新意义的。我由衷希望在我 70 岁的生日时能像您一样伟大。"（"I am blessed by knowing such an outstanding leader and best scientist. Prof. Dr. Junhao Chu is an amazing person who truly cares about the community as a whole. His contributions to the scientific community have been innovative. I wish for myself to be as great as you are in my 70th birthday."）

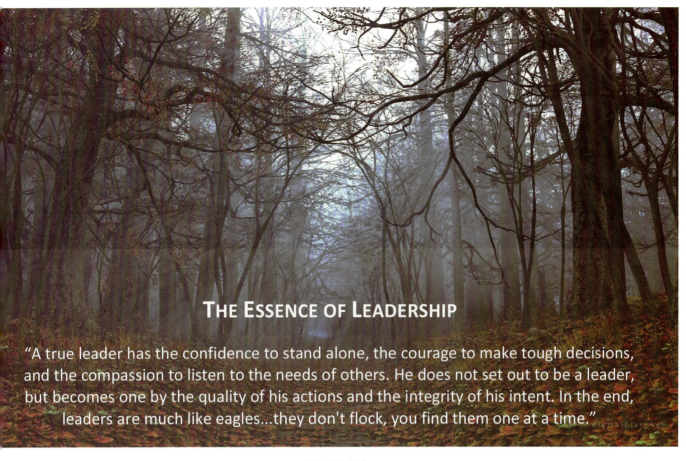

THE ESSENCE OF LEADERSHIP

"A true leader has the confidence to stand alone, the courage to make tough decisions, and the compassion to listen to the needs of others. He does not set out to be a leader, but becomes one by the quality of his actions and the integrity of his intent. In the end, leaders are much like eagles...they don't flock, you find them one at a time."

领导力的本质

　　一个真正的领导者，他拥有独行的自信，拥有做出艰难决定的勇气，拥有听取他人需求的仁爱。他本意并非当领导者，但是他良好的言行举止和诚实正直的意向使他成为了一个领导者。最后，领导者们像鹰，他们不成群结队，你一次只能发现一个。

　　我有幸认识这样一位杰出领袖和最优秀的科学家。褚君浩博士真正关心整个社会，是一位了不起的人物，他对科学界的贡献是具有革新意义的。我由衷希望在我 70 岁的生日能像您一样伟大。

杰出的西瓦南萨教授

文理学院

微物理实验室著名教授

Happy 70th Birthday!

恭贺七十华诞!

国际友人贺信：70th Birthday Junhao

斯坦福大学教授阿尔登·谢尔来实验室访问。

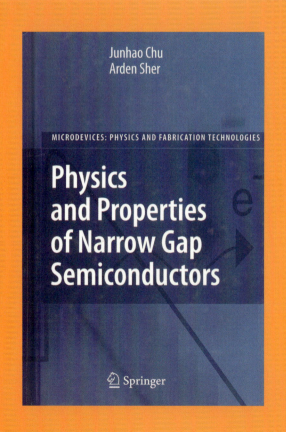
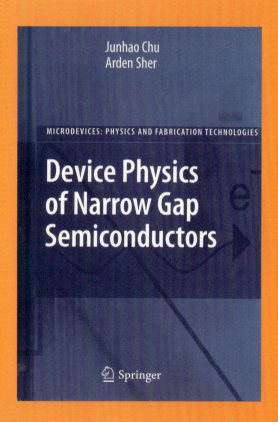
和阿尔登·谢尔合著的两本书，左为《窄禁带半导体物理和性能》、右为《窄禁带半导体器件物理》。

在德国雷根斯堡大学罗斯拉教授家里。图上左三为罗斯拉教授。褚君浩参与罗斯拉教授主编的《科学与技术中的数据和函数关系》（简称 LB）编写工作，主要负责"含 Hg 化合物部分"的编写。

访问德国维尔茨堡大学朗德威尔教授。

褚君浩访问美国，和美国芝加哥伊利诺依大学西瓦教授及其家人的合影。

褚君浩与他的德国同事锡兹曼（R. Sizmann）（中）和阿图尔（Z. Artur）合影。

褚君浩和阿图尔合影。

褚君浩和锡兹曼合影。

左起冯小梅、褚君浩、施瓦茨（Schwatz R.）、褚力文。

褚君浩接受国际光学工程学会会士证书，左一 SPIE 总裁杰姆斯（Ralph James）。

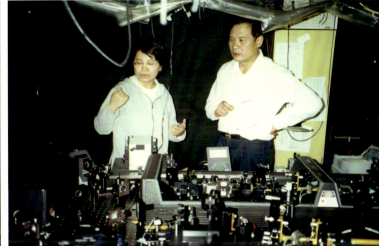

褚君浩参观访问德国实验室。

访问德国维尔茨堡大学。

访问立陶宛半导体研究所希莱卡教授。

褚君浩和匡定波先生于 1989 年 9 月访问立陶宛半导体研究所、列宁格勒越飞研究所、莫斯科固体物理所、普通物理研究所等。

访问越飞研究所材料研究组。

访问越飞研究所奥姆斯基（Omsky）教授。右起褚君浩、匡定波、奥姆斯

和匡定波先生一起到莫斯科研究人员家里做客。

访问莫斯科切诺可罗夫伽固体物理研究所季莫费叶夫教授。

图 1、2、3、4 褚君浩与匡定波院士访问苏联普通物理研究所等地。

图 1 访问苏联普通物理研究所欣欣（Xinxin）教授。

图 2 右一为匡定波院士。

和波兰教授合影。

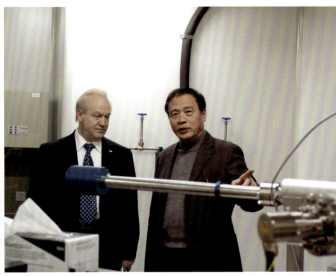

国际光学工程学会总裁杰姆斯访问实验室。

法国教授丹尼斯（Denis）访问实验室。

访问美国巴法罗大学麦康贝（McCombe B.D.）教授。

访问美国奥斯汀大学余榕教授。

参观大瀑布。

访问法国分子束外延（MBE）设备生产商里伯（Riber）公司，右一施伯涛，左一陆明生。

访问美国亚特兰大埃默里大学（Emory University），右起张林法、何力、沈文

访问俄克拉何马大学，左起吴惠桢、方晓明、褚君浩、桂永胜。

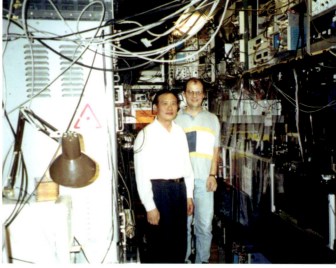

访问实验室。

访问日本佐贺大学。

褚君浩和何力、沈杰访问美国路易斯安那国家实验室，右一凌仲庚。

访问科技博物馆。

在白宫前留影。

与沈元壤教授合影。

在自由女神像前留影。

访问休斯顿赖斯大学（Rice University），右一为姜山。

参加国际光学工程学会西部光电展（SPIE. Photonics West）。右起高炜、王建宇、褚君浩、顾行发。

法功能材料会议。

2013年褚君浩参加中法功能材料研讨会，接受波尔多地区桑地亚米雍市"荣誉市民"称号。

成立华东师范大学—美国科罗拉多州立大学新能源与环境联合研究院。右起孙真荣、张文、朱自强、陈群、褚君浩、俞立中、李兵、托尼·拉普佩（Tony Rappé）、杰姆·库尼（Jim Cooney）、比尔·法兰（Bill Farland）、布莱恩·威尔森（Bryan Willson）、吉姆·塞特斯（Jim Sites）、肯·里尔登（Ken Reardon）和高炜。

褚君浩率团访问美国科罗拉多州立大学，两校代表会谈后合影。

访问科罗拉多州立大学实验室，包括参观光学、冷原子、超导材料、太阳能、生物工程、机电工程（3D 打印）、化学工程、环境工程、自然资源、太阳辐射观测与研究等实验室。

门科罗拉多州立大学实验室。

华东师范大学—美国科罗拉多州立大学新能源与环境联合研究院成立仪式。

1

2

3

1 访问瑞士苏黎士理工大学合影留念。右三为褚君浩。

2、3 访问慕尼黑理工大学与德意志科学院。

6

第六篇 科研成果累累 桃李芬芳天下

在科研的路上创新与探索，亦教书育人不忘初心

2014年被评为十佳全国优秀科技工作者。

韩启德主席与褚君浩院士在合影前握手。

朱基千，博士，1997 年毕业。同济大学材料科学与工程学院教授。

金世荣，博士后，1996 年出站。英国萨里（Surrey）大学高等技术研究所高级研究员。

桂永胜，博士，1997 年毕业。加拿大曼尼托巴大学研究员。

傅丽伟，博士，2002 年毕业。德国斯图加特大学技术光学所（Institut für Technische Optik）。

张新昌，博士，2001 年毕业。美国微创公司（MEMS）研发工程师。

杨平雄，博士后，1999 年出站。华东师范大学物理与电子科学学院，教授，博导。

马智训，博士后，2000 年出站。美国工业公司（PPG）研发科学家。

蒋春萍，博士，2002 年毕业。中国科学院苏州纳米所研究员，博导。

王晓光，博士，2002 年毕业。美国南特罗（Nantero）（北京）有限公司总经理。

籁珍荃，博士后，2002 年出站。南昌大学物理系主任，教授。

吕翔，博士，2003 年毕业。德国保罗－德鲁特(Paul–Drude)固体电子研究所。

林铁，博士，2005 年毕业。中国科学院上海技术物理研究所高级工程师。

邢怀中，博士后，2002 年出站。东华大学物理系主任，教授，博导。

胡志高，博士，2004 年毕业。华东师范大学物理与电子科学学院教授，博导。

仇志军，博士，2004 年毕业。复旦大学信息科学与工程学院教授，博导。

石富文，博士，2005 年毕业。华东师范大学物理与电子科学学院工程师。

赵强，博士后，2003 年出站。华东师范大学物理与电子科学学院副研究员，硕导。

马建华，博士，2005 年毕业。中国科学院上海技术物理研究所副研究员。

王建禄，博士，2010 年毕业。中国科学院上海技术物理研究所研究员，国家优秀青年基金获得者。

杨静，博士，2010 年毕业。华东师范大学物理与电子科学学院副研究员，硕导。

高艳卿，博士，2010 年毕业。中国科学院上海技术物理研究所副研究员。

袁声召，博士，2011 年毕业。东方日升新能源股份有限公司高级研发经理。

朱亮清，博士，2012 年毕业。华东师范大学物理与电子科学学院副教授，硕导。

白伟，博士，2010 年毕业。华东师范大学物理与电子科学学院副研究员，硕导。

魏来明，博士，2012 年毕业。中国科学技术大学副研究员。

孙琳，博士后，2012 年出站。华东师范大学物理与电子科学学院研究员，博导。

李文武，博士，2012 年毕业。华东师范大学物理与电子科学学院研究员，博导。

敬承斌，博士后，2011 年出站。华东师范大学物理与电子科学学院研究员，博导。

龚士静，博士后，2010 年出站。华东师范大学物理与电子科学学院研究员，博导。

田莉，博士，2011 年毕业。湖南工程学院副教授。

孙硕，博士后，2012 年出站。美国内布拉斯加（林肯）大学。

崔艳峰，博士，2011 年毕业。东方日升新能源股份有限公司高级研发经理。

余温雷，博士，2013 年毕业。温州医科大学讲师。

彭程，博士，2013 年毕业。中国工程物理研究院研究员。

朱晓晶，博士，2016 年毕业。上海华谊（集团）技术研究院材料电池业务部研发主管。

赵守仁，博士，2014 年毕业。上海济物光电技术有限公司市场发展部。

刘新智，博士，2013 年毕业。中山大学物理学院副教授。

占臻妮，硕士，2013 年毕业。上海瑞阙文化发展有限公司，人力资源顾问。

何俊，博士，2015 年毕业。江苏雅克科技股份有限公司，大中华区技术及市场开发经理。

田建军，博士，2012 年毕业。河南大学光伏材料省重点实验室，副教授。

江林，硕士，2013 年毕业。中国科学院上海技术物理研究所助理研究员。

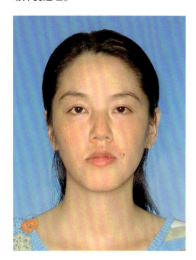

罗春花，博士后，2015 年出站。华东师范大学物理与电子科学学院副研究员，硕导。

苗凤娟，博士后，2013 年出站。黑龙江齐齐哈尔大学通信与电子工程学院教授。

张克智，博士，2014 年毕业。南宁师范大学物理与电子学院讲师。

陶佰睿，博士后，2014 年出站。黑龙江齐齐哈尔大学教授。

董宇晨，博士，2017 年毕业。美国 AMD 半导体公司工程师。

陶加华，博士，2016 年毕业。华东师范大学物理与电子科学学院副教授。

张映斌，博士，2016 年毕业。常州天合光能有限公司产品管理高级总监。

翟学珍，博士，2017 年毕业。郑州轻工业大学物理与电子工程学院讲师。

张金中，博士后，2015 年出站。华东师范大学物理与电子科学学院副研究员，硕导。

诸佳俊，博士后，2017 年出站。《自然·通讯》（Nature Communications）副编辑。

姜凯，博士后，2016 年出站。华东师范大学物理与电子科学学院专职副研究员。

上海市科学技术奖

证 书

为表彰上海市科技进步奖获得者，特颁发此证书。

项目名称：光电技术的科普实践与理性认识

获 奖 者：褚君浩

1987年国家自然科学奖

项目名称：锗原、无序和混晶半导体的晶格振动行为

主要研究者：汤定元 叶红娟 褚君浩 脑 卫 方容川（中国科学院上海技术物理研究所）

获奖等级：四等 奖

中 华 人 民 共 和 国
国家科学技术委员会主任 宋健

1988年9月28日

海市科学技术奖

证 书

彰上海市自然科学奖获得者，特颁发此证书。

名称：铁电薄膜微结构控制和特性研究

奖 者：褚君浩

励等级：一等奖

上海市人民政府

2006年

证书号：20062015-1-R01

学技术奖

书

获得者，特颁发此证书。

的形成机理与形貌演化

第六次（1993）国家自然科学奖

项目名称：碲镉汞半导体材料的光学和电学性质研究

主要研究者：汤定元 褚君浩 郑国珍 俞振中（中国科学院上海技术物理研究所）

奖励等级：三等

中华人民共和国
国家科学技术委员会

1994年1月

证书号：29330901

为表彰在促进科技进步工作中做大贡献，特颁发此以资鼓励。

上海市科学技术进步奖

证 书

Certificate for

Shanghai Science & Technology Progress Award

证 书 号：0029023

奖 励 日 期：2003年4月27日

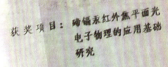

获奖项目：碲镉汞红外焦平面光电子物理的应用基础研究

第一完成者：褚君浩

奖励等级：一等奖

上海市人民政府
Shanghai Municipal People's Government

获奖项目：铁酸x)T铁电

第一完成者：褚

奖励等级：三

上海市科学技
Science & T
Committee of Sh

自然科学奖
证书

国家自然科学奖获得者，特

稀镉汞薄膜的光电跃迁及红外焦
平面材料器件研究

二等

褚君浩(中国科学院上海技术物理
研究所)

华人民共和国国务

上海市科学技术进步奖
证书

为表彰上海市科学技术进步奖获得者,特颁发此证书。

项目名称: 穴位与艾灸红外辐射光谱研究

上海市科学技术奖
证书

为表彰上海市科技进步奖获得者，特颁发此证书。

项目名称: 太阳能及定日镜技术在世博建筑中的开
发应用

获奖者: 褚君浩

奖励等级: 三等奖

褚君浩
府偏委三年芳坊
能等多数的光需研究
式等奖

一九八八年三月

术进步奖评审委员会

上海市科学技术进步奖
证书
Certificate
for
ience & Technology Progress
ards of Shanghai

号 993126

期: 一九九九年十一月二日

获奖项目: 红外椭圆偏振光谱系统

第一完成者: 褚君浩

奖励等级: 三等奖

Science & Technology Progress
Awards Jury,
Shanghai Municipality

获奖项目: 半导体表面二维电子气研究

奖励种类: 中国科学院自然科学奖
奖励等级: 二等奖
完成者: 褚君浩
证书编号: 952-2-032-01

中国科学院
1995 年 10 月

获奖项目: 用于红外探测器的窄禁带半导
体材料的光学和电学研究

奖励种类: 中国科学院自然科学奖
奖励等级: 一等奖
完成者: 褚君浩
证书编号: 922-1-017-03

中国科学院
1992 年 10 月

获奖项目: 窄能隙半导体碲镉汞光学
常数研究

奖励种类: 中国科学院自然科学奖
奖励等级: 三等奖
者: 褚君浩
证书编号: 962-3-089-01

中国科学院
1996 年 11 月

自然科学奖

获奖项目: 红外辐射探测材料物理及其器件物
理研究

奖励等级: 二等奖
完成者: 褚君浩
证书编号: 992-2-027-1

中国科学院
1999 年 10 月

在九三学社中央座谈会留影，左起褚君浩、赵雯、韩启德、王恩多、贾伟平、钱锋。

在人民大会堂休息室等待上主席台，左起褚君浩、刘云耕、金炳华、顾逸东、朱国英。

从 2003 年到 2012 年担任第十届、第十一届全国人大代表。

这是在担任第十届和第十一届全国人大代表期间，褚君浩围绕科技发展、人才培养、可再生能源等方面发表许多意见，提出了多项议案。他在会上积极发言，热烈讨论。

刘云耕主任来上海技物所看望褚君浩,那一年褚君浩被评为优秀人大代表。

1

2

3

4

1 左起谢文栏、童卫旗、褚君浩、张葵、张玉瑛。

2 左起张叔英、褚君浩。

3 中国九三学社韩启德主席给褚君浩颁发"九三楷模"奖。

4 与上海科委党委统战处张玉瑛同志（左一）和王向朝研究员（右
　一）合影。

2020 年 1 月上海市九三学社新任主委钱锋院士（右二）到所里看望褚君浩院士。

热情相迎

亲切交谈

8

第八篇 热心科普，积极参与社会活动

时代提供机遇，积极向社会公众普及科学知识

褚君浩研究生期间给小学生做热爱科学的科普报告。

褚君浩在接受小记者的采访。

在世博会上做"太阳能资源开发与利用"的报告。

在杨浦区《名师论坛》做"科技改变世界"的科普报告。

给小学生做科普报告，介绍红外探测器。

为上海市《明日科技之星》做讲评，左起俞立中、左焕琛、褚君浩。

做"关于光电技术和建设低碳地球"的科普报告。

在华东师大信息学院 10 周年院庆时做科普报告。

褚君浩在科普作家协会上发言。

2009年12月担任院士馆第31期"走近院士"活动的主讲嘉宾，在上海第二工业大学做《太阳能技术和应用》的科普报告。

思行讲坛第十八讲
主讲嘉宾 褚君浩

科普报告大合影。

参加 2016 上海科技活动周。

和小朋友一起走红毯。

技术创新论坛上做报告。

参加论坛，接受中央电视台采访。

上海电视台科普节目《未来说》。左起洛新、褚君浩、雷小雪。

参加上海市对外文化交流协会 20 周年纪念。

瑞士太阳能飞机驾驶员来上海科学会堂交流。

坐在中途号航空母舰上战斗机舱里。

上海科技馆学术委员会会议留念

左第四起王小明、左焕琛、褚君浩。

能材料研讨会。

在科学会堂与陈凯先院士（原上海科协主席）一起合影。

与李大潜院士（中）、吴启迪（右）（原教育部副部长）在一起合影。

科学会堂

与黄迪南合影。

与上海电气领导合影（前排右一为黄迪南）。

为陈良尧（右一）颁上海市科技进步一等奖。

访问河南省许昌学院。右一郑直。

会见浙江世明光学科技有限公司胡智宁董事长。

任上海市虹口区科协主席期间部分活动

2015年虹口区科协八届五次常委会。左起韩亚成副主席、褚君浩主席、□林常务副主席。

2019年11月16日在"第十六届长三角科技论坛分论坛"和"第十四届蓝色浦江"学术年会上致辞。

科技节开幕式。

科普日活动。

褚君浩（前排右起八）作为中科院学部主席团成员参加2019年中科院院士仪式合影。

2019 张江创新论坛嘉宾，右六黄奇帆，右七褚君浩，右八何大军，右三马红漫，左二王一斤。

与黄维院士（左）合影。

与候洵院士（右）合影。

表弟戴跃（左）从加拿大回国，现为华师大教授。

序号	颁发单位	职位	时间
7	东台市人民政府	东台市人民政府经济顾问	2009 年
8	中国经贸长三角中小企业合作与发展理事会	中国经贸长三角中小企业合作与发展理事会首席科学顾问	2009 年
9	江苏省光电信息功能材料重点实验室	国家自然科学基金重大项目"半导体功能量子结构相关基础研究"顾问	2010 年
10	中国航天科工集团第三研究院	中国航天三院光电信息产业战略发展专家咨询委员会高级顾问	2011 年
11	晶澳太阳能控股有限公司、中国科学院上海技术物理研究所	光伏创新研究中心顾问	2012 年
12	九三学社上海市委员会	九三学社上海市委科技委员会顾问	2012 年
13	上海市科普教育委员会	上海市中小学"科普校园行"科学家巡讲活动宣讲团总顾问	2013 年
14	九三学社上海市委、上海市上海中学	九三学社上海市科普基地上海市上海中学特聘顾问	2013 年
15	上海中医药大学	上海中医药大学学术顾问	2013 年
16	江西省科学院	江西省科学院战略咨询顾问	2014 年
17	全国机械行业新能源类专业教学资源共建共享联盟	新能源类专业教学资源库建设指导团队首席顾问	2015 年
18	徐州市人民政府	徐州市人民政府科技顾问	2015 年
19	中国有色金属学会	中国有色金属学会宽禁带半导体专业委员会第一届委员会顾问委员	2015 年
20	世明光电科技（上海）有限公司	世明光电科技（上海）有限公司顾问	2015 年
21	SMG 东方广播中心	SMG 东方广播中心"科学顾问"暨特约评论员	2016 年
22	世富光伏宝（上海）环保科技股份有限公司	世富光伏宝（上海）环保科技股份有限公司高级专家顾问	2016 年
23	上海匡宇科技股份有限公司	上海匡宇科技股份有限公司院士工作站首席专家	2017 年

6. 专家

序号	颁发单位	职位	时间
1	中国科学院高技术研究与发展局	中科院知识创新信息技术领域专家组成员	2003 年
2	中国科学院计划财务局	"深紫外固态激光源前沿装备研制项目"专家技术委员会成员	2008 年

序号	颁发单位	职　位	时间
3	上海奇亚特能源股份有限公司	奇亚特能源股份有限公司院士专家工作站进站专家	2013 年
4	中国人民解放军陆军第二十一集团军	集团军信息化建设专家组成员	2013 年
5	中国光伏行业协会	中国光伏行业协会专家咨询委员会委员	2014 年
6	上海市奉贤区人民政府	上海奉贤智能电网院士专家服务中心特聘专家	2015 年

7. 编委

序号	颁发单位	职　位	时间
1	《仪表技术》杂志社	《仪表技术》杂志社编辑委员会委员	2004 年
2	科学出版社	《半导体科学与技术》丛书副主编	2005 年
3	中国物理学会	中国物理学会《物理》杂志第九届编委会委员	2007 年
4	上海世纪出版股份有限公司、少年儿童出版社	《十万个为什么》第六版编委会委员、《能源与环境分册》主编	2011 年
5	科学出版社	《光电子科学与技术前沿》丛书专家委员会主任委员	2013 年
6	中国物理学会、《物理学进展》编辑部	第八届《物理学进展》顾问编辑委员会委员	2013 年
7	中国科学院电子学研究所	《电子与信息学报》第七届编辑委员会顾问委员	2013 年
8	中国科学院电子学研究所	《电子与信息学刊（英文版）》第七届编辑委员会顾问委员	2013 年
9	《江西科学》编辑部	《江西科学》编辑委员会高级顾问	2014 年
10	上海《科学教育与博物馆》杂志社	《科学教育与博物馆》第一届编委会顾问	2016 年

8. 首席、特邀

序号	颁发单位	职　位	时间
1	国家科学技术部	重大科研计划"半导体量子结构中的自旋量子调控"项目首席科学家	2007 年
2	中国光学学会	Photonics Asia 2007 会议大会共同主席	2007 年
3	浦东新区归国留学人员联合会	浦东新区归国留学人员联合会能源与环保行业分会会长	2008 年
4	上海市科学技术协会	"相约名人堂—与院士一起看世博"项目首席科学家	2010 年
5	上海科学技术协会	"上海市科学道德和学风建设宣讲教育报告团"特聘专家	2012 年

序号	颁发单位	职 位	时间
6	上海市审计局	上海市审计局特约审计员	2003 年
7	上海市民政局	上海市结婚登记特邀颁证师	2004 年
8	上海市审计局	上海市审计局特约审计员	2006 年
9	上海市公安局文化保卫分局	上海市公安局文化保卫分局第五届特邀监督员	2012 年
10	华东师大二附中	华东师大二附中卓越学院学生导师	2013 年
11	上海中医药大学	上海中医药大学"全员育人服务学生成长导师团"团长	2015 年

9. 理事

序号	颁发单位	职 位	时间
1	中国光学学会	中国光学学会第六届理事会理事	2006 年
2	中国光学学会	中国光学学会第七届理事会理事	2012 年
3	中国能源学会	中国能源学会副会长	2012 年
4	中国科普作家协会	中国科普作家协会第六届理事会理事	2012 年
5	上海市真空学会	上海市真空学会第七届理事会名誉理事长	2013 年
6	上海市激光学会	上海市激光学会第十届理事会副理事长	2013 年
7	上海超硅半导体有限公司	上海超硅半导体有限公司独立董事	2014 年
8	上海市科普作家协会	终身名誉理事长	2015 年

10. 科普

序号	颁发单位	职 位	时间
1	上海市虹口区科普创作协会	上海市虹口区科普创作协会高级顾问	2008 年
2	上海市普陀少年科学院	普陀少年科学院导师团导师	2008 年
3	上海市青少年创新峰会组织委员会	上海市青少年创新峰会顾问	2008 年
4	上海院士风采馆、上海市青少年科学研究院沪东分院	第三届"杨浦区高中生进入院士团队及高校开展科研探究活动"培训基地	2013 年
5	上海青浦区教育局、上海青浦区北斗科技创新促进中心	青浦区"北斗导航学生综合素质课程化学习成长"项目顾问、北斗科普教育专家	2016 年
6	上海科学普及出版社	科普签约作家	2016 年

9

第九篇 慈眉善眼，儒雅生活

家庭孕育人才，在和睦的氛围中言传身教

2012 年起，褚君浩的儿子褚力文被英飞凌公司派往上海中芯国际工作，期间与庄艳玲谈恋爱。双方家长见面后，亲家说准阿公老头"慈眉善眼"。的确如此，褚君浩和气儒雅，人缘很好，能够帮助人时，总愿意帮助人。所以，大家都很喜欢他。

他在家里也是如此。他从小就帮忙做家务，在梅陇中学教书时，还帮助哥哥姐姐照顾他们放在上海的儿子女儿，送他们上幼儿园、上医院、去公园游玩。有时自行车上前面一个，后面一个，路人见了，说小小年纪两个小孩啦！

1971 年 10 月 2 日，由大学同学张诚山介绍，褚君浩与张明君结为夫妇。1973 年，褚力文出生，先后在华东师大附小、德国慕尼黑基赛拉中学、华东师大二附中、同济大学、慕尼黑理工大学念书。2001 年，褚力文获得博士学位，先后在西门子英飞凌、宏力、盛思瑞等单位工作。2004 年褚力文结婚，2005 年 10 月孙子褚宇轩出生。

褚君浩的父母都是宜兴人，当时住在宜兴屺亭桥花园村。传说祖上从河南迁来，褚绍唐先生在家谱中是第五十七代，第十二代是书法家褚遂良。所以，原来祠堂中有诗："晋室封侯裔，唐朝学士家。"褚绍唐老夫妇善良温厚、慈眉善眼、儒雅生活。这一传统也让褚君浩传承。褚君浩的父亲褚绍唐是著名的地理教育家、历史地理学家，他参与制定了新中国第一本《中小学地理教学大纲》，新中国一成立，他就出版了《新中国地理》的中文版、俄文版和日文版。褚君浩说："我的父亲是我科学的领路人，要说我们家有什么流传下来的家训的话，那就是身教永远最重要。父亲在诗中写的'一生虽布衣，草根自为乐'的这种朴实无华、默默耕耘学问的精神才是对我们子孙后代们最深刻的教育。我也是这样对待我的儿子和我的学生。"在褚君浩看来，父亲最大的特点就是一门心思、勤勤恳恳做学问，这也是影响了褚君浩一辈子的品质。他家现在还挂着父亲保存的对联，"千淘万漉虽辛苦，吹尽黄沙始到金"。他父亲也常常对子孙们说："不要做池塘水面的浮萍，要做池塘水底的痴虎鱼。"

褚君浩和儿子就像兄弟，他在德国时那些同事和访问学者都说褚君浩夫妇和儿子在一起就像是兄弟姐妹，友爱平等，什么事情都能沟通理解、相互交流，没有代沟。他在工作上认认真真，在生活上妥帖安排，对待老人尽孝道，对待后辈论慈爱。褚君浩的儿子褚力文在德国完成了博士学位，父亲和祖父的言传身教也使得他在从事科研时全身心地投入。他在博士期间就在《应用物理通讯》（*Applied Physics Letters*）杂志上发表了六篇论文。褚君浩最自豪的是："儿子和我就像朋友，我从小生活在一个平等的家庭里，而我对待儿子也是如此。"

1971 年 10 月 2 日褚君浩与张明君结婚。

褚君浩夫妇和儿子褚力文。

1985 年华东师范大学一村 208 号 301 家里，和父母亲住在一起。

在父亲的书房里，跟吴俊林夫妇合影。两位老人是父亲最好的朋友。

1981 年褚君浩和儿子在长风公园。

1984 年在千岛湖。

1984 年在新安江水电站。

1985 年在华东师大丽娃河畔。

1997 年在褚力文慕尼黑理工大学念书时的宿舍里。

年在家里。

夫妇公园留影。

年在无锡太湖边。

一家三口在华东师范大学丽娃河畔。

在华东师大一村 208 号 301 室。

1987 年在德国慕尼黑。

1990 年在上海大剧院。

1987 年在慕尼黑路易森大街 66 号家中。

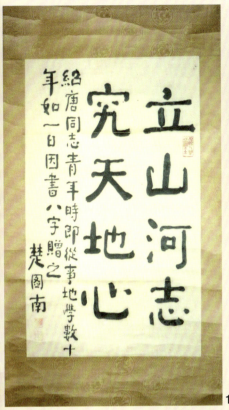

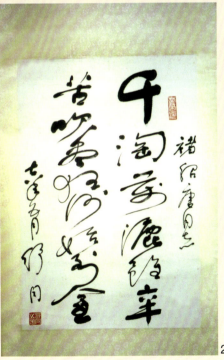

1、2 两幅对联分别是楚图南先生和舒同先生送给父亲的金句座佑铭。

3 父亲褚绍唐母亲戴菊仙在华东师大丽娃河桥上。

4 褚君浩父母在工会俱乐部后面丽娃河边小道上留影。

1 2000 年在华东师大一村 330 号 302 室中。

2 1990 年母亲在家里包宜兴汤团，大大的儿，鲜鲜的馅儿。

3 1995 年在杨浦大桥下合影。

全家在斯特拉斯堡合影。

全家在欧洲旅行。

2012年华东师范大学信息学院同事来家访问。

1 2012 年褚君浩夫人张明君 66 岁生日。后
　左媳妇庄艳玲、后右儿子褚力文、前左孙
　子褚宇轩。
2 2011 年去家乡宜兴。
3 2011 年去杭州。

2

1 2011年去宜兴屺亭桥徐悲鸿故居，这里也是褚君浩的故乡。

2 和当地政府人员的合影。

很有意思的照片。左图褚君浩与儿子褚力文 1975 年在上海展览馆前，右图儿子褚力文与孙子褚宇轩 2013 年在同样的地方合影留念。

褚君浩夫妇与儿子一家三口合影。

褚君浩夫妇与他父母在一起。

褚君浩与侄子褚立峰夫妇和小孩，右一是褚君浩外甥女陈学勤，左二是褚立峰。

褚君浩父亲褚绍唐诞辰 105 周年纪念会暨铜像落成典礼。

图书在版编目（CIP）数据

小草流影：褚君浩院士成长感悟/杨一德主编. —上海：
华东师范大学出版社，2019
　ISBN 978-7-5675-9394-7

　Ⅰ.①小…　Ⅱ.①杨…　Ⅲ.①褚君浩-生平事迹
Ⅳ.①K826.11

　中国版本图书馆CIP数据核字（2020）第008932号

小草流影：

褚君浩院士成长感悟

主　　编　杨一德
责任编辑　刘　佳
特约审读　李　璨
责任校对　李琳琳　时东明
装帧设计　高　山　冯逸珺

出版发行　华东师范大学出版社
社　　址　上海市中山北路3663号 邮编 200062
网　　址　www.ecnupress.com.cn
电　　话　021-60821666　行政传真 021-62572105
客服电话　021-62865537　门市（邮购）电话 021-62869887
地　　址　上海市中山北路3663号华东师范大学校内先锋路口
网　　店　http://hdsdcbs.tmall.com

印 刷 者　上海中华商务联合印刷有限公司
开　　本　787×1092　16开
印　　张　13.75
字　　数　221千字
版　　次　2020年5月第1版
印　　次　2020年8月第2次
书　　号　ISBN 978-7-5675-9394-7
定　　价　168.00元

出 版 人　王　焰

（如发现本版图书有印订质量问题，请寄回本社客服中心调换或电话021-62865537联系）